W0189445

Max Lucado

Mein Herz in Gottes Hand

francke

Über den Autor:
Max Lucado steht als Pastor im Gemeinde- und Rundfunk-
dienst und arbeitet als Schriftsteller. Er hat drei Töchter, lebt
mit seiner Frau in San Antonio/Texas und zählt zu den erfolg-
reichsten christlichen Autoren der Welt.

Bibliografische Information Der Deutschen Bibliothek
Die Deutsche Bibliothek verzeichnet diese Publikation in der
Deutschen Nationalbibliografie; detaillierte bibliografische
Daten sind im Internet über http://dnb.ddb.de abrufbar.

2. Auflage 2009
ISBN 978-3-86827-031-0
Alle Rechte vorbehalten
Originaltitel: A Heart Like Jesus
© 2002 by Max Lucado
Published by W Publishing Group, a division of Thomas
Nelson, Inc., P. O. Box 141000,
Nashville, TN 37214, USA
© der deutschsprachigen Ausgabe
2008 by Verlag der Francke-Buchhandlung GmbH
35037 Marburg an der Lahn
Umschlaggestaltung: Henri Oetjen, DesignStudio Lemgo
Satz: Verlag der Francke-Buchhandlung GmbH
Druck und Bindung: CPI Moravia Books, Korneuburg

www.francke-buch.de

Inhaltsverzeichnis

Mein Herz in Gottes Hand

Wie wäre es wohl, wenn Jesus einmal in Ihren Schuhen stecken würde? Wenn er vierundzwanzig Stunden lang Ihr Leben lebte: in Ihrem Bett aufwachte, in Ihrem Haus lebte, Ihre Termine wahrnähme? Ihr Chef wäre sein Chef, Ihre Mutter seine Mutter und Ihre Schmerzen seine Schmerzen. Sonst würde sich an Ihrem Leben gar nichts ändern. Weder Ihre Gesundheit noch die Umstände oder Ihre Termine. Ihre Probleme wären noch dieselben. Nur Jesus wäre Sie.

Wie wäre es, wenn Jesus einen Tag und eine Nacht lang Ihr Leben mit seinem Herzen leben würde? Ihr Herz bekäme einen Urlaubstag zugestanden, und stattdessen würde in Ihrem Leben das Herz Christi regieren. Was ihm wichtig ist, würde über Ihre Taten entscheiden. Was ihm am

Herzen liegt, würde Ihre Entscheidungen bestimmen. Seine Liebe würde Ihr Verhalten prägen.

Würde sich vieles ändern? Würden die Leute um Sie herum eine Veränderung bemerken? Ihre Familie – würde sie etwas Neues an Ihnen wahrnehmen? Ihre Kollegen – würden sie einen Unterschied spüren? Und wie wäre es mit denen, denen das Leben übel mitspielt – würden Sie sich ihnen gegenüber anders verhalten? Und Ihre Freunde – würden sie mehr Freude bei Ihnen wahrnehmen? Und wie steht es mit Ihren Feinden – würden sie vom Herzen Christi mehr Erbarmen abbekommen als von Ihrem?

Und wie sähe es in Ihnen aus? Wären Sie ruhiger? Hätten Sie bessere Laune und wäre Ihr Jähzorn gemindert? Könnten Sie besser schlafen? Würden Sie den Sonnenuntergang anders betrachten? Oder den Tod? Oder Ihre Steuererklärung? Bräuchten Sie vielleicht weniger Beruhigungstabletten oder Aspirin? Würden Sie wohl anders mit Staus oder Dränglern umgehen? Hätten Sie weiterhin vor den Dingen Angst, die Sie jetzt fürchten? Und noch eines: Hätte es irgendeine Auswirkung auf Ihre Planung der nächsten vierundzwanzig Stunden?

Nehmen Sie sich einmal ein paar Augenblicke Zeit, um über Ihre Termine heute nachzudenken. Welche Verpflichtungen, Aufgaben, Besprechungen oder Sitzungen haben Sie heute vor sich? Wenn Jesus Ihr Herz übernähme – würde sich an all dem etwas ändern?

Gehen Sie dieser Idee einmal auf den Grund: Forschen Sie solange, bis Sie ein klares Bild davon haben, wie es wohl aussehen würde, wenn Jesus Ihr Leben lebte, und dann halten Sie diesen Moment fest.

Was Sie da gerade festgehalten haben, ist das, was Gott sich wünscht. Er möchte, dass wir wie Jesus denken und handeln (vgl. Philipper 2,5).

Gott hat mit Ihnen nichts weniger vor, als Ihnen ein neues Herz zu geben, Ihr Herz in seine Hand zu nehmen und Veränderung zu bewirken.

Wären Sie ein Auto, so würde Gott über Ihren Motor bestimmen wollen. Wären Sie ein Computer, würde Gott die Software und die Festplatte beanspruchen. Wären Sie ein Flugzeug, würde er sich ins Cockpit setzen. Aber Sie sind ein Mensch, und deshalb möchte Gott Ihr Herz verändern.

„Erneuert euch aber in eurem Geist und Sinn und zieht den neuen Menschen an, der nach Gott geschaffen ist in wahrer Gerechtigkeit und Heiligkeit" (Epheser 4,23-24).

Gott möchte, dass Sie genauso sind wie Jesus. Er wünscht sich, dass Sie ein Herz wie Jesus haben.

Lassen Sie mich an dieser Stelle ein kleines Risiko eingehen. Es ist immer ein bisschen gefährlich, zu versuchen große Wahrheiten in einfache Sätze zu packen, aber einen Versuch ist es wert. Gottes Plan für uns ließe sich kurz und bündig eventuell so zusammenfassen:

Gott liebt uns, wie wir sind, aber er liebt uns zu sehr, um uns so zu lassen. Vielmehr wünscht er sich, dass wir Jesus zunehmend ähnlicher werden.

Gott liebt Sie gerade so, wie Sie sind. Wenn Sie denken, dass seine Liebe zu Ihnen mit Ihrem Glauben wächst, haben Sie sich getäuscht. Wenn Sie denken, dass seine Liebe wie Ihre Erkenntnis zunehmend tiefer würde, irren Sie sich. Verwechseln Sie die Liebe Gottes nicht mit der Liebe der Menschen. Menschen lieben uns häufig eher, wenn wir erfolgreich sind, und weniger, wenn wir versagen. Aber Gottes Liebe ist anders. Er liebt uns genau da und dort, wo wir sind. Um es mit anderen Worten zu sagen:

Gottes Liebe hört niemals auf. Wir mögen ihn von uns weisen, ihn ignorieren, ablehnen, ungehorsam sein – er ändert sich nie. Unsere bösen Taten schmälern seine Liebe nicht. Unsere guten Taten vergrößern seine Liebe nicht. Unser Glaube kann sie nicht verdienen, und unsere Torheit kann sie nicht gefährden. Gott liebt uns nicht weniger, wenn wir versagen, oder mehr, wenn wir Erfolg haben. Seine Liebe hört niemals auf.

Gott liebt uns so, wie wir sind, aber er liebt uns zu sehr, um uns so zu lassen.

Woher stammt denn eigentlich die Idee, dass wir uns nicht ändern können? Woher kommen solche Aussagen wie: „Ich bin einfach zum Sorgen veranlagt" oder „Ich werde immer ein Pessimist sein" oder „Ich bin immer schlecht gelaunt"? Wer behauptet all das? Würden wir über unseren Körper ähnliche Sachen sagen? „Ich bin einfach so veranlagt, dass ich mir das Bein breche. Ich kann nichts dagegen tun." Natürlich nicht! Wenn unser Körper nicht richtig funktioniert, nehmen wir Hilfe in Anspruch. Sollten wir mit unseren Herzen nicht dasselbe tun? Sollten wir nicht wegen unserer miesen Einstellung Hilfe in Anspruch nehmen? Können wir die egoistischen Selbstdarstellungen nicht behandeln lassen? Si-

cher können wir das. Jesus kann unser Herz verändern. Können Sie sich ein besseres Angebot
vorstellen?

Das Herz Jesu

Jesu Herz war rein. Der Retter der Welt wurde
von Tausenden verehrt und war doch mit einem
einfachen Leben zufrieden. Er war mit Frauen
unterwegs (Lukas 8,1-3), und er hatte doch keine unreinen Gedanken. Er wurde von denen ab-
gelehnt, die er geschaffen hatte, und vergab ihnen doch schon, bevor sie ihn überhaupt um
Gnade baten (Römer 5,8). Petrus, der dreiein-
halb Jahre mit Jesus umhergezogen war, beschrieb
ihn als unschuldiges und unbeflecktes Lamm
(1. Petrus 1,19). Und Johannes, der Jesus genauso
lange kannte, behauptete: „In ihm ist keine Sünde" (1. Johannes 3,5).

Das Herz Jesu war voller Frieden. Die Jünger
machten sich Sorgen, wie sie wohl die Tausen-

den satt bekommen sollten. Aber Jesus dankte Gott für das Problem. Die Jünger schrien vor Angst im Sturm. Aber Jesus schlief einfach weiter. Petrus zückte das Schwert, um gegen die Soldaten zu kämpfen. Aber Jesus hob die Hand zum Heilen. Sein Herz war von Frieden erfüllt. Als seine Jünger ihn im Stich ließen – ging er da schmollend nach Hause? Als Petrus ihn verleugnete – verlor er da die Beherrschung? Als die Soldaten ihm ins Gesicht spuckten – hauchte er ihnen Feuer entgegen? Ganz im Gegenteil! Er war von Frieden erfüllt und vergab ihnen. Er ließ sich nicht von Rachegedanken leiten.

Jesus weigerte sich auch, irgendeiner anderen Stimme zu folgen als der seiner Berufung. Sein Herz war zielgerichtet. Die meisten Menschen verfolgen kein bestimmtes Ziel im Leben – und das erreichen sie dann auch. Jesus lebte auf ein einziges Ziel zu – die Menschheit von ihrer Sünde zu befreien. Er konnte sein Leben mit einem einzigen Satz zusammenfassen: „Der Menschen-

sohn ist gekommen, zu suchen und selig zu machen, was verloren ist" (Lukas 19,10). Jesus war
so auf diese Aufgabe ausgerichtet, dass er wusste,
wann er sagen konnte: „Meine Stunde ist noch
nicht gekommen" (Johannes 2,4) und wann es
an der Zeit war zu sagen: „Es ist vollbracht"
(Johannes 19,30). Dabei war er jedoch kein un-
nachgiebiger oder unangenehmer Zeitgenosse.

Ganz im Gegenteil. Was er sagte, war wohltu-
end! Kinder konnten ihm einfach nicht wider-
stehen. Er sah Schönheit in den Lilien, Freude
im Lob Gottes und Möglichkeiten in Problemen. Er konnte ganze Tage gemeinsam mit un-
zähligen kranken Menschen verbringen und
immer noch mit ihnen fühlen und Mitleid mit
ihnen haben. Er watete mehr als drei Jahrzehnte
lang durch den Müll und Dreck unserer Sünde
und ist dennoch für uns gestorben.

Aber eins der hervorstechendsten Merkmale
Christi war es, dass er vom Geist Gottes durch-
drungen war. In seinen Gedanken spiegelte sich

die innige Beziehung, die er zum Vater hatte. „Glaubt mir, dass ich im Vater bin und der Vater in mir ist", erklärte er (Johannes 14,11). Eine seiner ersten Predigten begann er mit den Worten: „Der Geist des Herrn ist auf mir" (Lukas 4,18). Er wurde „vom Geist [in die Wüste] geführt" (Matthäus 4,1) und war „voll Heiligen Geistes" (Lukas 4,1). „In der Kraft des Geistes" kehrte er aus der Wüste zurück (Lukas 4,14).

Jesus nahm vom Vater Anweisungen entgegen. Es war seine Gewohnheit, in die Synagoge zum Gottesdienst zu gehen (Lukas 4,16). Er kannte die heilige Schrift so gut, dass er aus ihr zitieren konnte (Lukas 4,4). Lukas beschreibt, dass Jesus sich oft von den anderen entfernte, um zum Beten allein zu sein (Lukas 5,16). Diese Zeiten des Gebets gaben ihm Weisung. Einmal kehrte er vom Gebet zurück und verkündete, dass es an der Zeit war, in eine andere Stadt zu ziehen (Markus 1,38). Eine andere Gebetszeit hatte zur

Folge, dass er zwölf Jünger auswählte (Lukas 6,12-13). Jesus wurde von einer unsichtbaren Hand geführt. „Der Sohn kann nichts von sich aus tun, sondern nur, was er den Vater tun sieht" (Johannes 5,19). Und im gleichen Kapitel sagt er weiter: „Ich kann nichts von mir aus tun. Wie ich höre, so richte ich ... ich suche nicht meinen Willen, sondern den Willen dessen, der mich gesandt hat" (Johannes 5,30).

Das Herz Jesu war ein „geistliches" Herz.

Das Herz der Menschen

Unsere Herzen sind meilenweit von Gott entfernt, und wir sind anders, als er das geplant hatte. Er ist rein, wir sind gierig. Er ist friedfertig, wir dagegen streitsüchtig. Er ist zielgerichtet, wir lassen uns leicht vom Ziel abbringen. Er ist liebevoll, wir dagegen wankelmütig. Er ist geistlich, wir allzu sehr mit Irdischem beschäftigt. Die Entfernung zwischen unserem Herzen und dem seinen ist endlos. Wie kommen wir überhaupt darauf, dass wir ihm ähneln könnten?

Sind Sie bereit für eine Überraschung? Na, dann halten Sie sich fest! Eines der großartigsten und dabei am meisten vernachlässigten Versprechen Gottes ist, dass, wenn Sie Ihr Leben Jesus gegeben haben, er Ihnen sich selbst schenkt. Er hat sich in Ihrem Herzen einquartiert. Paulus drückt dies kurz und knapp aus: „Christus lebt in mir" (Galater 2,20).

Ich hoffe, Sie nehmen es mir nicht übel, wenn ich mich an dieser Stelle einmal wiederhole: Wenn Sie Ihr Leben Jesus gegeben haben, hat er Ihnen sich selbst gegeben. Er ist bei Ihnen eingezogen, hat die Koffer ausgepackt und ist nun bereit, Sie „in sein Bild" zu verwandeln „von einer Herrlichkeit zur anderen" (2. Korinther 3,18). Es klingt vielleicht ein bisschen seltsam, aber Paulus erklärt an anderer Stelle, „wir haben Christi Sinn" (1. Korinther 2,16).

Das hört sich zugegebenermaßen wirklich ko-

misch an. Wenn ich den Sinn Christi habe, warum denke ich dann immer noch so sehr wie Max? Wenn Jesus in mir wohnt, warum nerven mich Staus dann immer noch?

Die Antwort lässt sich gut anhand einer Geschichte verdeutlichen, die sich in Irland um die Wende zum neunzehnten Jahrhundert herum abgespielt hat.

In einem kleinen Haus an der Küste lebte damals eine ältere Dame, die als recht wohlhabend und sparsam bekannt war. Aus diesem Grund waren die Leute etwas überrascht, als sie sich dazu entschloss, ihr Haus an die Stromversorgung des Dorfes anschließen zu lassen.

Einige Wochen, nachdem alles installiert war, kam ein Mann zu ihrem Haus, um den Stromzähler abzulesen. Er fragte sie, ob alles gut funktioniere, und sie versicherte ihm, dass alles in bester Ordnung sei. „Vielleicht können Sie mir eine Sache erklären", meinte er. „Ihr Stromzähler zeigt an, dass Sie fast keinen

Strom verbraucht haben. Benutzen Sie den Strom denn?"

„Aber sicher", gab sie zurück. „Jeden Abend bei Sonnenuntergang schalte ich das Licht gerade lange genug ein, um meine Kerzen anzuzünden. Und dann schalte ich es wieder aus."

Die irische Dame hat Zugang zur Kraftquelle, aber sie benutzt sie nicht. Ihr Haus ist an den Strom angeschlossen und doch weitgehend unverändert. Machen wir nicht häufig den gleichen Fehler? Auch wir – mit unseren geretteten Seelen und unveränderten Herzen – sind an die Kraftquelle angeschlossen und bleiben doch unberührt. Wir vertrauen Christus, dass er uns gerettet hat, und verweigern uns dennoch der Veränderung, die aus dieser Errettung erwächst. Auch wir drücken gelegentlich auf den Lichtschalter, aber die meiste Zeit verbringen wir bei Kerzenschein.

Wie wäre es wohl, wenn wir das Licht anließen? Was würde passieren, wenn wir nicht nur

den Lichtschalter umlegten, sondern beginnen würden wirklich im Licht zu leben? Was würde sich ändern, wenn wir uns mit allem, was wir haben und sind, dem Licht Christi aussetzten?

Kein Zweifel: Gott hat Großes mit uns vor. Der Ihre Seele gerettet hat, wartet geradezu darauf, nun auch Ihr Herz zu erneuern. Und er hat dabei nichts weniger als eine Totalsanierung geplant: „Wen Gott nämlich auserwählt hat, der ist nach seinem Willen auch dazu bestimmt, seinem Sohn ähnlich zu werden ..." (Römer 8,29, HfA).

„Gott hat euch erneuert, und ihr entsprecht immer mehr dem Bild, nach dem er euch geschaffen hat" (Kolosser 3,10, HfA).

Gott möchte uns gerne verwandeln, so dass wir unserem Erlöser ähnlicher werden. Nehmen wir dieses Angebot an?

Lassen Sie mich Ihnen einen Vorschlag machen: Wir stellen uns in allen Einzelheiten vor, wie es wäre, so zu sein wie Christus. Und wir schauen uns sein Herz in allen Einzelheiten an. Ein paar

Kapitel lang werden wir seine Barmherzigkeit betrachten, über seine Nähe zum Vater nachdenken, seine Zielstrebigkeit bewundern und seine Beständigkeit ansehen. Wie lebte er Vergebung? Wann betete er? Warum tat er seiner Umwelt so gut? Warum gab er nicht auf? Lassen Sie uns „aufsehen zu Jesus" (Hebräer 12,2). Wenn wir ihn betrachten, werden wir sehen, was wir werden können.

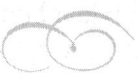

Ertrage einer den anderen und
vergebt euch untereinander,
wenn jemand Klage hat gegen den
anderen; wie der Herr euch vergeben
hat, so vergebt auch ihr.

Kolosser 3,13

Lieben Sie die Menschen, denen Sie nicht aus dem Weg gehen können

Ein Herz, das zur Vergebung bereit ist

Mein erstes Haustier bekam ich zu Weihnachten geschenkt, als ich acht Jahre alt war. Irgendwo existiert noch ein Schnappschuss von einem braun-weißen Mops, der so klein war, dass er leicht auf Papas Handfläche Platz hatte, und so niedlich, dass ich sofort hin und weg war. Wir nannten die Kleine Liz.

Ich trug sie den ganzen Tag mit mir herum. Ihre Schlappohren fand ich faszinierend und die platte Nase bezaubernd. Ich nahm sie sogar mit ins Bett. Sie stank, wie Hunde eben stinken. Na und? Ich fand den Duft niedlich. Sie schnuffelte und winselte ständig. Na und? Ich fand das Geräusch niedlich. Sie erledigte ihr Geschäft auf meinem Kissen. Na und? Ich kann zwar nicht behaupten, dass ich das auch niedlich fand, aber es machte mir jedenfalls nichts aus.

Mama und Papa machten von Anfang an klar, dass ich für Liz verantwortlich war, und dazu war ich nur allzu gern bereit. Ich säuberte ihren kleinen Napf und öffnete die Dosen mit dem Spezialfutter für Mopswelpen. Sobald sie ein bisschen Wasser geschlürft hatte, füllte ich welches nach. Ich sorgte dafür, dass ihr Haar immer sorgfältig gekämmt war und ihr Schwanz immer fröhlich wedelte.

Nach einigen Tagen jedoch wandelten sich meine Gefühle ein wenig. Liz war immer noch mein Hund, und ich war immer noch ihr Freund, aber so langsam ging mir ihr Kläffen auf die Nerven, und außerdem schien sie ständig Hunger zu haben. Mehr als einmal wurde ich ermahnt:

„Kümmer dich um Liz. Sie ist schließlich dein Hund."

Ich mochte diese Worte gar nicht – *dein Hund*. Ich hätte gegen den Zusatz „dein Hund zum Spielen" oder „dein Hund, wenn du ihn um dich haben willst" oder „dein Hund, wenn er sich anständig benimmt" gar nichts einzuwenden gehabt. Aber das sagten und meinten meine Eltern nicht. Sie blieben bei „Liz ist dein Hund." Punkt. In Gesundheit und Krankheit. In guten wie in bösen Tagen. In trockenem und nassem Zustand.

Und an dieser Stelle dämmerte es mir: *Ich komme um Liz nicht mehr herum.* Meine Verliebtheit war verflogen, und die Flitterwochen waren vorbei. Wir waren aneinander gebunden. Liz war kein Zeitvertreib mehr, sondern eine Verpflichtung. Nicht nur ein Haustier, sondern auch eine Aufgabe. Niemand mehr, mit dem ich nur spielen konnte, sondern jemand, um den ich mich kümmern musste.

Vielleicht kommt Ihnen das bekannt vor.

Wahrscheinlich kennen Sie das Gefühl der Beklemmung gut, das mit der Verbindlichkeit einhergeht. Nur dass es nicht unbedingt heißt „sie ist dein Hund", sondern „er ist dein Mann" oder „sie ist deine Frau" oder „er/sie ist dein Sohn, deine Mutter, dein Mitarbeiter, deine Chefin oder dein Mitbewohner" – Sie können hier jede beliebige Beziehung einsetzen, auf die man sich besser ganz einlässt, wenn man überleben will.

So manch einer wählt an dieser Stelle die Flucht, entflieht der Beziehung und fängt anderenorts von vorne an. Mit etwas Distanz betrachtet, ist es wenig verwunderlich, wenn Sie innerhalb kürzester Zeit wieder vor ähnlichen oder sogar den gleichen Problemen stehen.

Andere kämpfen lieber. Da werden Wohnungen zu Kriegsschauplätzen und Büros zu Boxringen, und die Anspannung wird zum täglichen Brot.

Wenige entdecken einen dritten Weg: Vergebung. Dazu, wie Vergebung funktioniert, sagt die Bibel einiges:

Jesus selbst wusste, wie es ist, anderen Menschen nicht aus dem Weg gehen zu können. Drei Jahre lang zog er mit derselben Clique umher. Im Großen und Ganzen hatte er immer dasselbe Dutzend Gesichter um sich herum – beim Essen, ums Lagerfeuer, von morgens bis abends. Sie stiegen alle in dieselben Boote und übernachteten bei den gleichen Gastgebern. Ich frage mich manchmal wirklich, wie Jesus es schaffte, seinen Männern die Treue zu halten. Er musste sich ja nicht nur mit ihren sichtbaren Schwächen und Eigenarten abfinden, sondern auch mit den unausgesprochenen Absonderlichkeiten. Er wusste, was sie dachten, er kannte ihre geheimen Zweifel. Und nicht nur das – er kannte auch ihre zukünftigen Zweifel.

Wie wäre das wohl, wenn Sie jeden Fehler, den Ihre Lieben je begangen haben und noch begehen werden, vor Augen hätten? Wie wäre es, wenn Sie wüssten, was die Leute in Ihrer nächsten Umgebung denken, worüber sie sich ärgern, was sie an Ihnen nicht mögen und wann sie Sie im Stich lassen würden?

Ob es Jesus wohl schwergefallen ist, Petrus lieb zu haben, da er wusste, dass er ihn eines Tages verraten würde? Ob es schwer war, Thomas zu vertrauen, der eines Tages die Auferstehung anzweifeln würde? Wie hat Jesus wohl der Versuchung widerstanden, sich einfach ein Dutzend neuer Nachfolger zusammenzusuchen? Petrus schlug einem Soldaten ein Ohr ab. Nur wenige Tage vor seinem Tod stritten seine Jünger miteinander darüber, wer von ihnen der Tollste war. Wie hat Jesus es nur geschafft, Menschen zu lieben, die sich nicht gerade liebenswert verhielten?

Die Antwort steht im dreizehnten Kapitel des Johannesevangeliums.

Mit Handtuch und Waschschüssel

In der Bibel begegnen wir Jesus bei unterschiedlichen Gelegenheiten, aber keine ist so kostbar wie diese: Jesus kniet vor seinen Jüngern und wäscht ihnen die Füße.

Ein langer Tag lag hinter ihnen. Jerusalem war angefüllt mit Menschen, die wegen des Passahfestes in die Stadt Davids gekommen waren. Die meisten waren versessen darauf, einen Blick auf den großen Lehrer zu erhaschen. Die Frühlingssonne schien warm, und die Straßen waren trocken. Und die Jünger waren sehr weit von zu Hause entfernt. Ein paar Spritzer kaltes Wasser wären ihnen jetzt willkommen gewesen.

Die Jünger betraten, einer nach dem anderen, den Saal, und nahmen ihre Plätze um den Tisch herum ein. An der Wand hing ein Handtuch, und auf dem Boden stand neben einer Schüssel ein Krug mit Wasser. Jeder der Jünger hätte sich zum Füßewaschen bereit erklären können, aber keiner tat es.

Nach einer kleinen Pause stand Jesus auf und legte sein Oberkleid ab. Er hängte sich die Schürze eines Dieners um, nahm die Schüssel und kniete sich vor einen der Jünger hin. Er löste den Riemen einer Sandale, hob den Fuß sanft in die Höhe und stellte ihn in die Schüssel, goss Wasser darüber und begann ihn zu waschen. Einen Jünger nach dem anderen, einen verdreckten Fuß nach dem anderen wusch Jesus.

Zur Zeit Jesu war das Füßewaschen nicht einfach nur den Sklaven vorbehalten, sondern den niedrigsten Sklaven. Wie jede andere Gruppe hatten auch die Sklaven eine Hierarchie. Von dem Sklaven am untersten Ende der Hackordnung wurde erwartet, dass er mit Handtuch und Schüssel auf die Knie ging.

Wenn wir diese Geschichte lesen, können wir davon ausgehen, dass Jesus die Zukunft der Füße kannte, die er da wusch. Diese vierundzwanzig Füße würden den nächsten Tag nicht damit zubringen, dem Meister hinterherzulaufen und sich für ihn einzusetzen. Diese Füße würden vor dem römischen Schwert flüchten. Nur ein einziges Paar Füße würde dort im Garten nicht mit den anderen wegrennen. Ein Jünger verließ ihn nicht in Gethsemane – Judas schaffte es nicht einmal bis dorthin. Er würde Jesus noch am selben Abend verraten.

Ich habe lange nach einer Bibelübersetzung Ausschau gehalten, die an dieser Stelle den Zusatz hat: „Jesus wusch allen Jüngern die Füße – außer Judas." Aber ich konnte keine finden. Wie viele Emotionen stecken in dem Moment, in dem Jesus still die Füße seines Verräters in die Schüssel hebt und zu waschen beginnt. In nur wenigen Stunden würden die Füße Judas', frisch gewaschen, im Hof von Kaiphas, dem Hohenpriester, stehen.

Ist Ihnen schon einmal bewusst geworden, welches Geschenk Jesus seinen Nachfolgern hier macht? Er wusste genau, was diese Männer tun würden. Ihm war klar, dass sie kurz davor standen, die schäbigste Tat ihres Lebens zu vollbringen. Am nächsten Morgen konnten sie wahrscheinlich vor Scham nicht in den Spiegel schauen, und voller Abscheu vor sich selbst wandten sie wohl den Blick von ihren Füßen. Er hatte sie reingewaschen, und sie hatten ihn verlassen.

Erstaunlich! Jesus vergab ihnen ihre Schuld bereits, bevor sie sie überhaupt begangen hatten. Er brachte ihnen Barmherzigkeit entgegen, bevor sie ihn darum gebeten hatten.

Aus der Schüssel seiner Gnade

Oh, so etwas könnte ich nie tun, widersprechen Sie jetzt vielleicht. *Ich bin so sehr verletzt worden. Die Wunden sind so tief. Wenn ich diese Person schon sehe, zucke ich innerlich zusammen.* Vielleicht liegt genau an dieser Stelle das Problem. Vielleicht sehen und konzentrieren Sie sich zu sehr auf die falsche Person. Erinnern Sie sich noch daran, auf wen wir sehen sollen, um ein

Herz wie Jesus zu bekommen? Wir sollen „zu ihm aufsehen". Versuchen Sie, von dem Menschen wegzuschauen, der Sie verletzt hat, und stattdessen auf den zu blicken, der Sie erlöst hat.

„Wenn nun ich, euer Herr und Meister, euch die Füße gewaschen habe, so sollt auch ihr euch untereinander die Füße waschen. Ein Beispiel habe ich euch gegeben, damit ihr tut, wie ich euch getan habe" (Johannes 13,14-15).

Jesus wäscht uns aus zwei Gründen die Füße. Erstens will er uns Barmherzigkeit erweisen. Und zweitens steckt in seinem Handeln folgende Botschaft: Jesus bietet bedingungslose Gnade an, und so sollen auch wir bedingungslose Gnade anbieten. Die Barmherzigkeit Christi geht unseren Fehlern voraus, und so soll auch unsere Barmherzigkeit den Fehlern anderer vorausgehen. Für die Leute in Christi Umgebung konnte kein Zweifel an seiner Liebe und Annahme bestehen, und so sollten auch die Leute in unserer Umgebung nicht an unserer zweifeln.

Was bedeutet das nun? Hier steht eine Aufforderung:

Lassen Sie auch uns niederknien, wagen wir es, das Eklige und Unschöne der Menschen um uns herum zu berühren, und lassen Sie uns die Unfreundlichkeit, die uns begegnet, mit Freundlichkeit wegwaschen. Oder, um es mit Paulus' Worten auszudrücken: „Seid aber untereinander freundlich und herzlich und vergebt einer dem andern, wie auch Gott euch vergeben hat in Christus" (Epheser 4,32).

„Aber Max", wenden Sie jetzt ein, „ich habe doch gar nichts falsch gemacht. Ich habe niemanden betrogen. Ich habe nicht gelogen. Ich bin hier nicht der Schuldige!" Vielleicht sind Sie das wirklich nicht. Aber Jesus war es auch nicht. Unter all den Männern in diesem Obergeschoss war nur einer, der es verdiente, dass man ihm die Füße wusch, und das war Jesus. Aber er war der Einzige, der sich zum Füßewaschen herabließ. Der eine, der hätte bedient werden sollen, diente den anderen. Das Geniale an der ganzen Sache ist, dass die Verantwortung, dem anderen eine Brücke zu schlagen, bei dem Starken liegt und nicht bei dem Schwachen. Der Unschuldige geht auf die Schuldigen zu.

Und wissen Sie, was dann passiert? Wenn der, der im Recht ist, dem die Füße zu waschen beginnt, der im Unrecht ist, werden früher oder später wohl beide auf die Knie gehen.

Denken wir nicht alle, dass wir im Recht sind? Und genau deswegen sollten wir einander die Füße waschen.

Beziehungen funktionieren nun einmal nicht deswegen, weil Schuldige bestraft werden, sondern weil Unschuldige Barmherzigkeit üben.

Die Kraft der Vergebung

Ich habe kürzlich mit einem befreundeten Ehepaar zu Abend gegessen. Sie erzählten mir von dem Sturm der gerade in ihrer Ehe wütete. Durch eine Reihe von Zufällen hatte die Frau von einem Seitensprung ihres Mannes erfahren, der schon mehr als zehn Jahre zurücklag. Er hatte nicht nur diesen Fehler begangen, sondern sich dazu entschieden, diesen Fehler seiner Frau gegenüber zu verschweigen, womit er einen weiteren Fehler beging. Letztendlich fand sie es trotzdem heraus. Und wie Sie sich sicher vorstellen können, war sie zutiefst verletzt.

Auf Anraten eines Seelsorgers ließen die beiden alles stehen und liegen und fuhren für einige Tage gemeinsam weg. Sie hatten eine Entscheidung zu treffen. Würden sie fliehen, kämpfen oder vergeben? Also beteten sie. Sie redeten viel miteinander. Sie unternahmen lange Spaziergänge und dachten über vieles nach. Die Frau war in diesem Fall eindeutig im Recht. Sie hätte gehen können. Oder sie hätte mit ihm zusammenbleiben und ihm das Leben zur Hölle machen können. Aber sie wählte einen anderen Weg.

Am zehnten Tag ihrer Reise fand mein Freund

eine Karte auf seinem Kissen. Darauf stand ein Spruch gedruckt: „Lieber mache ich mit dir nichts als ohne dich irgendetwas." Und darunter hatte seine Frau geschrieben:

> *Ich vergebe dir. Ich liebe dich.*
> *Lass uns das alles vergessen.*

Diese Karte war wie eine Waschschüssel. Und der Stift so etwas wie ein Krug mit Wasser. Denn aus ihm floss reine Barmherzigkeit, mit der sie ihrem Mann die Füße wusch.

Manche Konflikte lassen sich nur mir einer solchen Schüssel voller Wasser lösen. Gibt es in Ihrem Leben Beziehungen, die nach Barmherzigkeit dürsten? Sitzen um Ihren Tisch Leute, die sich verzweifelt nach Ihrer Gnade sehnen?

Jesus hat Wert darauf gelegt, dass für die Jünger kein Zweifel an seiner Liebe bestehen konnte.

Wollen Sie es nicht ebenso halten?

Seid aber Täter des Wortes und nicht Hörer allein; sonst betrügt ihr euch selbst. Denn wenn jemand ein Hörer des Worts ist und nicht ein Täter, der gleicht einem Mann, der sein leibliches Angesicht im Spiegel beschaut; denn nachdem er sich beschaut hat, geht er davon und vergisst von Stund an, wie er aussah.

Jakobus 1,22-24

Ohren für Gottes Musik

Ein Herz, das bereit ist zu hören

W„Wer Ohren hat, der höre." Diese Aussage machte Jesus mehr als einmal. Wir finden sie in dieser oder ähnlicher Form achtmal in den Evangelien (z.B. in Matthäus 11,15 oder Lukas 8,8) und achtmal im Buch der Offenbarung (z.B. Offenbarung 2,7; 3,6). Dieser Satz erinnert uns daran, dass es nicht ausreicht, einfach Ohren zu *haben* – wir müssen sie auch einsetzen und hören wollen.

In einem seiner Gleichnisse verglich Jesus unsere Ohren mit unterschiedlichen Bodenarten (Markus 4,1-20). Er sprach von einem Bauern, der Saat (ein Bild für das Wort Gottes) auf vier verschiedenen Bodenarten verteilte. Es gibt Ohren, die sind wie ein hart getretener Pfad – sie nehmen die Saat erst gar nicht auf. Manche sind wie steiniger Boden – sie hören das Wort zwar, aber es kann keine Wurzeln schlagen. Bei anderen gleichen die Ohren einem Gärtchen voller Unkraut – total zugewachsen, voller Dornen, und das Saatgut geht einfach wieder ein. Und dann wiederum gibt es die Ohren, die hören: kultiviert und urteilsfähig sind sie bereit für Gottes Stimme.

Die Saat ist wohlgemerkt immer dieselbe. Der Sämann ist auch derselbe. Die unterschiedlichen Reaktionen basieren nicht auf der Botschaft oder auf dem, der sie verbreitet – sondern auf der Unterschiedlichkeit der Hörer. Aus den Mengenangaben in diesem Gleichnis kann man schließen, dass drei Viertel der Menschheit nicht auf Gottes Stimme hören. Ob der Grund nun ein hartes Herz, ein oberflächliches Leben oder ein sorgenvoller Verstand ist: 75 Prozent von uns entgeht die Botschaft, weil wir sie nicht richtig einsetzen.

„Wer Ohren hat, der höre."

Wie lange ist es her, dass Sie das letzte Mal ihr Hörvermögen haben überprüfen lassen? Wenn Gott sein Saatgut an Sie austeilt, wie reagieren Sie darauf? Darf ich Ihnen vielleicht eine weitere Frage stellen?

Wann hat Gott Sie das letzte Mal ganz besitzen dürfen?

Ich meine wirklich *besitzen*. Wie lange ist es her, dass Sie ihm Ihre uneingeschränkte, ununterbrochene Aufmerksamkeit geschenkt und sich ganz aufs Hören konzentriert haben?

Jesus hat das offensichtlich getan. Er hat größten Wert darauf gelegt, Zeit allein mit Gott zu verbringen.

Wenn wir uns einmal genauer anschauen, wie sehr Jesus zuhörte, fällt uns bald etwas auf. Er hat regelmäßig Zeit mit Gott verbracht, in der er beten und hören konnte. Markus schreibt:

„Und am Morgen, noch vor Tage, stand er auf und ging hinaus. Und er ging an eine einsame Stätte und betete dort" (Markus 1,34). Und auch Lukas erwähnt: „Er aber zog sich zurück in die Wüste und betete" (Lukas 5,16).

Stellt sich hier für uns nicht ganz klar eine Frage: Wenn Jesus, der Sohn Gottes, es für wichtig hielt, in seinem Terminkalender Platz zum Beten zu schaffen – wäre es dann für uns nicht sinnvoll ebenso zu handeln?

Jesus verbrachte nicht nur regelmäßig Zeit im Gespräch mit Gott, sondern auch mit dem Lesen von Gottes Wort. Natürlich steht nirgendwo etwas davon, wie Jesus eine kleine, in Leder gebundene Bibel aus der Tasche zog und anfing zu lesen. Aber uns steht das beeindruckende Beispiel eines Christus vor Augen, der in der Wüste versucht wird und dem Teufel mit Zitaten aus dem Wort Gottes begegnet. Dreimal wird er versucht, und dreimal wehrt er den Angriff ab. Dabei benutzt er folgende Worte: „Es steht geschrieben"

(Lukas 4,4+8+12) und zitiert im Anschluss den entsprechenden Vers. Jesus ist mit der Heiligen Schrift so vertraut, dass er die Verse nicht nur kennt, sondern auch weiß, wie er sie ein- und umsetzen kann.

An anderer Stelle lesen wir von der Begebenheit, bei welcher Jesus in der Synagoge aufgefordert wird, die Lesung zu übernehmen. Man reicht ihm die Rolle des Propheten Jesaja. Er liest einen Teil vor und verkündet anschließend: „Heute ist dieses Wort der Schrift erfüllt vor euren Ohren" (Lukas 4,21).

In Jesus begegnen wir einem Menschen, der sich in der Schrift auskennt und erkennt, wie sie sich erfüllt. Wenn es für Jesus wichtig war, sich in der Bibel auszukennen, sie zu lesen und über sie nachzudenken, stellt sich uns die Frage, ob wir nicht ebenso handeln sollten.

Wenn wir Jesus ähnlicher werden wollen, dann gilt es regelmäßig mit Gott zu reden und auf sein Wort zu hören.

Halt! Moment mal! Tun Sie das nicht. Ich weiß genau, was in einigen von Ihnen jetzt vorgeht. Sie schalten innerlich ab. *Och nee, jetzt redet Lucado von der täglichen Andacht, von der Stillen Zeit. Das ist jetzt der richtige Zeitpunkt, in Gedanken zum Kühlschrank zu gehen und das Mittagessen zu planen.*

Ich verstehe Ihren Unmut. Manche von uns haben das mit der Stillen Zeit immer wieder ohne Erfolg versucht. Anderen fällt es nicht so leicht, sich zu konzentrieren. Und wir alle sind außerdem furchtbar beschäftigt. Das führt dazu, dass wir anstatt selbst Zeit mit Gott zu verbringen und auf seine Stimme zu hören, andere das tun lassen und dann versuchen, uns an ihre Erfahrungen anzuhängen – sie auszuleihen. Sie können uns dann ja erzählen, was Gott sagt. Deswegen unterstützen wir ja schließlich unseren Prediger oder Gemeindeleiter! Und deswegen lesen wir christliche Bücher. *Die Leute, die da predi-*

gen und schreiben, kriegen das mit der Stillen Zeit
schon hin. Ich lern dann, was die mir weitergeben.

Wenn das Ihren Ansatz beschreibt, haben Sie Ihre geistlichen Erfahrungen aus zweiter und nicht aus erster Hand. Sind Sie sich sicher, dass Sie das Hören auf Gott einem Stellvertreter überlassen wollen? Wenn Gott Ihre volle Aufmerksamkeit haben möchte, wünscht er sich sicherlich nicht, dass Sie ihm einen Ersatz vorbeischicken. Vielmehr will er, dass Sie selbst kommen. Er lädt Sie zu einem Urlaub in seiner Herrlichkeit ein. Er lädt Sie ein, die Berührung seiner Hand zu erleben. Er lädt Sie ein, an seinem Tisch zu essen. Er möchte Zeit mit Ihnen verbringen. Und mit ein bisschen Übung kann Ihre Zeit mit Gott der Höhepunkt jedes Tages werden.

Ein Freund von mir ist mit einer Opernsängerin, einer Sopranistin, verheiratet. Sie besucht schrecklich gern Konzerte. Ihre Collegezeit hat sie in der Musikabteilung verbracht und ihre frühesten Erinnerungen haben mit Klaviertasten und Chorpodesten zu tun. Er dagegen ist Fußballfan und hört lieber Countrymusik. Aber er liebt eben auch seine Frau, und deswegen geht er manchmal mit in die Oper. Da sitzen die beiden dann zusammen im selben Zuschauerraum, hören dieselbe Musik – und nehmen sie doch ganz unterschiedlich wahr. Er „pennt", und sie „flennt".

Ich glaube, dass diese unterschiedlichen Wahrnehmungen mehr als nur Geschmack oder Vorliebe sind. Es geht auch um Übung. Sie hat viele, viele Stunden damit zugebracht, die Kunst der Musik zu begreifen und wertzuschätzen. Er nicht. Ihre Ohren sind so fein wie ein Geigerzähler. Er dagegen kann ein *staccato* nicht von einem *legato* unterscheiden. Aber er gibt sich Mühe. Er wird nie so gute Ohren wie seine Frau haben, aber mit der Zeit lernt auch er, die Musik zu verstehen und zu schätzen.

Hören lernen

Ich glaube, dass wir das auch können. Wenn wir das richtige Handwerkszeug haben, können wir lernen, auf Gott zu hören. Was sind das für Werkzeuge? Hier zähle ich ein paar auf, die ich persönlich hilfreich finde.

Möglichst eine regelmäßige Zeit der Stille an ein und demselben Ort. Suchen Sie sich einen Termin in Ihrem Kalender und eine Ecke in Ihrer Welt, Ihrer Wohnung, und reservieren Sie diese ganz für Gott. Häufig klappt das am Morgen am besten: „Mein Gebet kommt frühe vor dich" (Psalm 88,14). Auch des Abends kann gebetet werden: „Mein Gebet möge vor dir gelten als ein Räucheropfer, das Aufheben meiner Hände als ein Abendopfer" (Psalm 141,2). Anderen liegen mehrere Begegnungen täglich am ehesten. Der Autor von Psalm 55 scheint ein Vertreter dieser Gruppe gewesen zu sein: „Abends und morgens und mittags will ich klagen und heulen" (Psalm 55,18).

Der eine sitzt am liebsten unter einem Baum, der andere am Küchentisch. Vielleicht pendeln Sie zur Arbeit, und die Mittagspause ist ein guter Zeitpunkt. Wie auch immer – suchen Sie sich einen Ort und eine Zeit aus, und versuchen Sie regelmäßig zu beten.

Die Länge einer solchen Gebetszeit kann unterschiedlich sein. Beten Sie, solange wie Sie wollen und brauchen, um Gott Ihre Gedanken anzuvertrauen und auf seine Gedanken zu hören. Legen Sie mehr Wert auf Tiefe als auf Länge.

Das zweite Werkzeug ist eine aufgeschlagene Bibel. Gott spricht durch sein Wort zu uns, und darum ist es wichtig, dass wir ihn bitten, dass wir sein Wort verstehen mögen. „Der Tröster, der Heilige Geist, den mein Vater senden wird in meinem Namen, der wird euch alles lehren und euch an alles erinnern, was ich euch gesagt habe" (Johannes 14,26).

Also beten Sie, bevor Sie die Bibel lesen. Machen Sie sich in der Bibel auf die Suche nach

Gottes Gedanken. Lesen Sie Ihre Bibel deswegen betend. Und lesen Sie sie sorgfältig. Jesus hat uns aufgefordert: „Suchet, so werdet ihr finden" (Matthäus 7,7). Gott lobt den Menschen, der „sinnt über seinem Gesetz Tag und Nacht!" (Psalm 1,2). Die Bibel ist nicht wie eine Zeitung, die man überfliegt, sondern eher wie ein Steinbruch, den man Stück für Stück abträgt, an dem man arbeitet. „Wenn du sie suchst wie Silber und nach ihr forschst wie nach Schätzen: dann wirst du die Furcht des Herrn verstehen und die Erkenntnis Gottes finden" (Sprüche 2,4-5).

Hier ist noch ein ganz praktischer Tipp: Studieren Sie die Bibel stückweise. Gott scheint seine Botschaft so ähnlich zu verbreiten wie das Manna in der Wüste – jeden Tag ein bisschen. Qualität zählt wirklich mehr als Quantität. Lesen Sie beispielsweise, bis ein Vers Sie „anspringt", und dann halten Sie inne, und denken Sie darüber nach. Vielleicht schreiben Sie ihn sich auf ein Blatt Papier oder in Ihr Tagebuch.

Heute Morgen stieß ich in meiner Stillen Zeit auf Matthäus 18. Ich war gerade erst vier Verse weit gekommen, als ich las: „Wer nun sich selbst erniedrigt und wird wie dies Kind, der ist der Größte im Himmelreich." Ich musste gar nicht wirklich weiterlesen. Ich schrieb diesen Vers in mein Tagebuch und dachte an diesem Tag immer wieder mal darüber nach. Mehrmals fragte ich Gott: „Wie kann ich mehr so werden wie ein Kind?" Und am Ende des Tages war mir wieder neu bewusst geworden, wie sehr ich mich immer wieder abhetze und mir unnötig Sorgen mache. Und so lerne ich etwas daraus – aber nur wenn ich auch wirklich hinhöre.

Ob ich wohl das höre, was Gott sagt? Wenn ich hinhöre, bestimmt.

Lassen Sie sich nicht entmutigen, wenn Sie beim Lesen nicht so „weit" kommen. An manchen Tagen brauchen wir nur eine kleine Portion. Das ist wie bei dem kleinen Mädchen, das vom ersten Schultag heimkam und vom Vater gefragt wurde: „Und, hast du was gelernt?" – „Ich glaube nicht", meinte die Kleine. „Ich muss morgen wieder hin und übermorgen und überübermorgen …"

Und genauso dürfen wir uns jeden Tag neu von Gott beim Lesen der Bibel „belehren" lassen. Stück für Stück – über unser ganzes Leben verteilt.

Nun kommen wir zum dritten Werkzeug. Wir brauchen nicht nur Regelmäßigkeit und eine aufgeschlagene Bibel, sondern auch *ein hörendes Herz*. Jakobus ermahnt uns diesbezüglich: „Wer aber durchschaut in das vollkommene Gesetz der Freiheit und dabei beharrt und ist nicht ein vergesslicher Hörer, sondern ein Täter, der wird selig sein in seiner Tat" (Jakobus 1,25).

Wenn andere erkennen, dass das was wir gelesen haben auch Auswirkungen auf unser Leben hat, sind wir auf der richtigen Spur. Paulus ermahnte seine Leser, das umzusetzen, was sie von ihm gelernt hatten: „Was ihr gelernt und empfangen und gehört und gesehen habt an mir, das tut" (Philipper 4,9).

Lassen Sie Ihr Herz verändern, geben Sie sich Gott ganz hin. Verbringen Sie Zeit mit ihm, lesen Sie in seinem Wort, bis Sie Ihre Lektion für den Tag empfangen haben – und dann wenden Sie sie an.

Eine regelmäßige Zeit der Stille an ein und demselben Ort.

Eine aufgeschlagene Bibel.

Ein hörendes Herz.

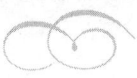

*Nun aber schauen wir alle mit
aufgedecktem Angesicht die
Herrlichkeit des Herrn wie in
einem Spiegel, und wir werden
verklärt in sein Bild von einer
Herrlichkeit zur anderen von dem
Herrn, der der Geist ist.*

2. Korinther 3,18

*Sein Angesicht leuchtete wie die
Sonne ...*

Matthäus 17,2

Ein strahlendes Gesicht

Ein Herz, das nach Anbetung hungert

Haben Sie schon einmal darüber nachgedacht, dass Flugzeugpassagiere und Menschen, die in die Kirche gehen einiges gemeinsam haben? Sie befinden sich auf einer Reise. Der Großteil benimmt sich tadellos und sieht auch ganz passabel aus. Manche dösen vor sich hin, andere schauen aus dem Fenster. Die meisten sind hinterher recht zufrieden, denn ihre Erwartungen wurden so einigermaßen erfüllt. Für viele Menschen ähneln die Kriterien für eine Flugreise denen eines Gottesdienstes. Wenn wir nach dem Gottesdienst gefragt werden, fanden wir ihn „nett". „Es war ein ganz guter Flug/ein ganz netter Gottesdienst." Wir gehen durch die gleiche Tür hinaus, durch

die wir hineingekommen sind, und kommen gern wieder.

Ein paar Leuten reicht „ganz nett" allerdings nicht aus. Sie sehnen sich nach mehr. Der Junge, der eben an mir vorbeilief, war einer von ihnen. Man hörte ihn schon, bevor man ihn überhaupt zu Gesicht bekam. Ich saß schon auf meinem Platz, als ich ihn fragen hörte: „Kann ich den Piloten sehen?" Entweder war er sehr gerissen oder er hatte einfach Glück, dass er diese Frage gleich beim Eintritt ins Flugzeug stellte. Sie wurde im Cockpit gehört, und der Pilot lehnte sich in seinem Sitz nach hinten.

„Fragt da jemand nach mir?", wollte er wissen.

Die Hand des Zweitklässlers schoss in die Höhe, als wollte er die Frage seiner Lehrerin beantworten. „Ich!"

„Na, dann komm mal rein!"

Die Mutter nickte dem Jungen zu, er verschwand in einem Cockpit-Kosmos voller Schalthebel und Lämpchen und tauchte einige

Zeit später mit weit aufgerissenen Augen wieder in der Passagierkabine auf. „Wow!", rief er. „Das ist wirklich ein super Flugzeug!"

Auf keinem anderen Gesicht ließ sich so viel Begeisterung ablesen. Da mich der Enthusiasmus des Jungen faszinierte, sah ich mir die Gesichter meiner Mitpassagiere genau an. Sie waren nicht gerade hingerissen. Die meisten könnte man als zufrieden beschreiben: Sie waren zufrieden, im Flugzeug zu sitzen, zufrieden, ihrem Ziel näher zu kommen, zufrieden, das Terminal hinter sich gelassen zu haben, und zufrieden, einfach ein bisschen vor sich hinschauen zu können, ohne etwas sagen zu müssen.

Zugegebenermaßen gab es aber ein paar Ausnahmen. Ein halbes Dutzend Damen mittleren Alters mit Strohhüten und großen Strandtaschen war mehr als zufrieden – sie waren eher ausgelassen. Sie kicherten schon während sie sich ihre Plätze suchten, und ich vermute, dass man ihnen eine Auszeit von Kindern und Küche gewährt hatte. Der Kerl im blauen Anzug, der auf der anderen Seite des Gangs saß, war auch nicht wirklich zufrieden; er wirkte griesgrämig. Nachdem er einmal seinen Laptop aufgeklappt hatte, schimpfte er den ganzen Flug. Die meisten von uns jedoch waren fröhlicher als der Anzugträger und ein bisschen beherrschter als die Frauen. Wir waren einfach zufrieden.

Und wir bekamen letzten Endes, was wir uns wünschten. Der Junge andererseits wollte mehr. Er wollte den Piloten sehen. Wenn man ihn fragen würde, wie der Flug war, würde er nicht sagen: „Ganz nett." Er würde vermutlich das kleine Plastikflugzeug aus der Tasche ziehen, das ihm der Pilot geschenkt hatte, und sagen: „Ich hab mich mit dem Piloten unterhalten!"

Verstehen Sie jetzt, was Flugzeugpassagiere und Kirchgänger gemeinsam haben? Gehen Sie mal in eine Kirche und schauen Sie sich die Gesichter an. Ein paar wenige kichern, andere schauen miesepetrig drein, aber im Großen und Ganzen sind sie zufrieden. Zufrieden, da zu sitzen und nach vorne zu schauen und wieder zu gehen, wenn der Gottesdienst vorbei ist. Zufrieden, wenn nichts Überraschendes oder Befremdliches geschieht. Zufrieden mit einem „netten" Gottesdienst. „Sucht und ihr werdet finden", versprach Jesus (Matthäus 7,7). Und weil wir nicht mehr suchen, als einen netten Gottesdienst, bekommen wir für gewöhnlich eben auch nur das.

Einige jedoch wollen mehr. Sie kommen mit der kindlichen Begeisterung des Jungen. Und wenn diese Leute nach dem Gottesdienst nach Hause gehen, sind ihre Augen weit aufgerissen, denn sie sind dem Piloten selbst begegnet.

Fragend kommen

Jesus ging es da nicht anders. Als er loszog Gott anzubeten, wurde sogar sein Gesicht verwandelt.

Willst du jetzt behaupten, Jesus ist Gott anbeten gegangen?

Genau. Die Bibel beschreibt, wie Jesus sich die Zeit nahm, mit Freunden vor Gott zu treten. Lesen wir doch einmal wie das aussah:

> „Und nach sechs Tagen nahm Jesus mit sich Petrus und Jakobus und Johannes, dessen Bruder, und führte sie allein auf einen hohen Berg. Und er wurde verklärt vor ihnen, und sein Angesicht leuchtete wie die Sonne, und seine Kleider wurden weiß wie das Licht. Und siehe, da erschienen ihnen Mose und Elia; die redeten mit ihm. Petrus aber fing an und sprach zu Jesus: ‚Herr, hier ist gut sein! Willst du, so will ich hier drei Hütten bauen, dir eine, Mose eine und Elia eine.‘ Als er noch so redete, siehe, da überschattete sie eine lichte Wolke. Und siehe, eine Stimme aus der Wolke sprach: ‚Dies ist mein lieber Sohn, an dem ich Wohlgefallen habe; den sollt ihr hören!‘“ (Matthäus 17,1-5)

Diese Schilderung legt nahe, dass Jesus sich bewusst dafür entschied, in die Gegenwart Gottes zu treten. Schon allein die Tatsache, dass er drei seiner Freunde mitnahm und mit ihnen auf den Berg stieg, drückt aus, dass er hier nicht spontan handelte. Es gab allerhand Vorbereitungen zu treffen. Er schob seinen Dienst an den Menschen auf, damit er seinem Herzen einen Dienst tun konnte. Und weil der Ort, an dem er Gott anbeten wollte, etwas abgelegen war, musste er den richtigen Weg wählen und sich auf dem richtigen Pfad halten. Bis er oben auf dem Berg angekommen war, war sein Herz bereit. Ja, Jesus bereitete sich auf diese Anbetung vor.

Darf ich Sie mal fragen, ob Sie das genauso halten? Bereiten Sie sich auf die Anbetung vor? Auf welchen Wegen gelangen Sie auf die Spitze des Berges? Finden Sie diese Frage seltsam? Ich vermute mal, dass die meisten von uns einfach aufstehen und hingehen, ohne viel Zeit auf die Vorbereitung zu verwenden. Sind wir nicht manchmal recht gedankenlos und fast schon gleichgültig?

Würden wir auch so nachlässig sein, wenn wir beispielsweise den Bundespräsidenten treffen würden? Stellen Sie sich einfach einmal vor, Sie wären zum Sonntagsfrühstück ins Schloss Bellevue eingeladen. Wie würden Sie den Samstagabend wohl verbringen? Würden Sie sich vorbereiten? Würden Sie überlegen, was Sie wann und wie sagen wollen? Würden Sie sich Fragen und Bitten zurechtlegen? Aber sicher würden Sie das.

Sollte uns eine Begegnung mit Gott weniger wichtig sein?

Ich möchte Ihnen Mut machen, vorbereitet in den Gottesdienst zu kommen. Beten Sie schon vorher, damit Sie weiter beten können, wenn Sie da sind. Lesen Sie schon zu Hause im Wort Gottes, damit Ihr Herz offen für sein Reden ist. Kommen Sie hungrig, seien Sie bereit. Kommen Sie mit der Erwartung, dass Gott zu Ihnen reden

wird. Und fragen Sie schon beim Eintreten: „Kann ich den Piloten heute treffen?"

Gottes Herrlichkeit widerspiegeln

Wenn wir Großes von Gott erwarten wird er auch handeln – er wird unser Gesicht – das Gesicht des Anbetenden – verwandeln. So geschah es mit Jesus auf dem Berg. Er wurde verwandelt: „Sein Angesicht leuchtete wie die Sonne" (Matthäus 17,2).

Besonders bemerkenswert finde ich die Verbindung vom Gesicht des Anbetenden und der Anbetung, die hier zum Ausdruck kommt. Unser Gesicht ist der Teil unseres Körpers, der nach außen hin am meisten sichtbar ist und nur wenig bedeckt ist. Es ist auch der Teil unseres Körpers, an dem wir am ehesten erkannt werden. Wir haben keine Fotos von den Füßen unserer Klassenkameraden in der Schulchronik, sondern von ihren Gesichtern. Gott möchte unser Ge-

sicht, dieses öffentlichste und eindrücklichste aller Körperteile, benutzen, seine Herrlichkeit widerzuspiegeln. Paulus schrieb: „Nun aber schauen wir alle mit aufgedecktem Angesicht die Herrlichkeit des Herrn wie in einem Spiegel, und wir werden verklärt in sein Bild von einer Herrlichkeit zur anderen von dem Herrn, der der Geist ist" (2. Korinther 3,18).

Gott lädt uns ein, uns von ihm verändern zu lassen, damit wir seine Herrlichkeit widerspiegeln können. Diese Verwandlung ist nicht einfach. Der Bildhauer am Mount Rushmore stand dabei vor einer kleineren Herausforderung als Gott. Aber Gott ist der Aufgabe gewachsen, und er bringt gerne die Gesichter seiner Kinder zum Strahlen. Seine Finger streichen die Sorgenfalten aus. Schatten von Zweifel und Schuldgefühlen werden zu Bildnissen von Gnade und Vertrauen. Er entspannt zusammengekniffene Kiefer und glättet gerunzelte Stirnen. Seine Berührung lässt die erschöpften Ringe unter unseren Augen ver-

schwinden und verwandelt die Tränen der Ver-
zweiflung in Tränen des Friedens.

Und wie? Durch Anbetung.

Haben Sie etwas Komplizierteres oder An-
spruchsvolleres erwartet? Vielleicht dass wir vier-
zig Tage fasten oder das dritte Buch Mose aus-
wendig lernen müssen? Nein, es ist erheblich ein-
facher. Gott verwandelt unser Gesicht durch
Anbetung.

Und was genau ist Anbetung? Mir hat immer
die Definition von König David gefallen: „Prei-
set mit mir den Herrn und lasst uns miteinander
seinen Namen erhöhen" (Psalm 34,4). In der
Anbetung geht es darum, den Namen Gottes groß
zu machen. Ihn mehr so zu sehen, wie er ist. Wir
können ins Cockpit steigen und beobachten, wo
er sitzt und wie er arbeitet. Seine Größe ändert
sich dabei freilich nicht, aber unsere Wahrneh-
mung schon. Je näher wir kommen, desto grö-
ßer ist er. Und ist das nicht genau das, was wir
brauchen? Ein *großes* Bild von Gott? Beschäfti-

gen uns nicht *große* Probleme, *große* Sorgen und *große* Fragen? Sicher. Und deswegen brauchen wir ein *großes* Bild von Gott.

Anbetung bietet uns genau das. Wie können wir singen „Heilig, heilig, heilig", ohne dass sich dabei unser Blick erweitert? Oder wenn wir von Gottes Größe singen:

> *Großer Gott, wir loben dich;*
> *Herr, wir preisen deine Stärke.*
> *Vor dir neigt die Erde sich*
> *und bewundert deine Werke.*
> *Wie du warst vor aller Zeit,*
> *so bleibst du in Ewigkeit.*

Können wir das singen, ohne dass wir zu strahlen beginnen?

Ein leuchtendes, lebendiges Gesicht ist das Markenzeichen von jemandem, der in Gottes Gegenwart gestanden hat. Nachdem Mose mit Gott gesprochen hatte, bedeckte er sein Gesicht mit einer Decke, da sich die anderen vor ihm fürchteten (2. Mose 34,33-35).

Eins möchte ich an dieser Stelle deutlich machen: Diese Veränderung geht nicht von uns aus, sondern von ihm. Unsere Aufgabe besteht nicht darin, unser Gesicht zum Leuchten zu bringen. Das können wir gar nicht. Selbst Jesus ließ sich verwandeln. Matthäus schreibt: „Jesus wurde verklärt vor ihnen" (Matthäus 17,2), nicht „Jesus verklärte sich". Mose bemerkte nicht einmal, dass sein Gesicht leuchtete (2. Mose 34,29). Unsere Aufgabe ist nicht, einen künstlich strahlenden Gesichtsausdruck zu fabrizieren. Vielmehr besteht sie darin, mit aufgeschlossenem und willigem Herzen vor Gott zu stehen und ihn sein Werk vollbringen zu lassen.

Er trocknet die Tränen. Er wischt den Schweiß von der Stirn. Er glättet die Stirnrunzeln. Er streicht uns über die Wangen. Noch während wir ihn anbeten, verwandelt er unser Gesicht.

69

Hungert Ihr Herz nach Anbetung? Kommen Sie voller Erwartung zum Gottesdienst.

Bitte halten Sie es wie Jesus. Bereiten Sie Ihr Herz auf die Anbetung Gottes vor. Lassen Sie Gott Ihr Gesicht durch die Anbetung verwandeln. Und suchen Sie den Piloten auf. Der Junge tat das. Weil er nach dem Piloten fragte, verließ er das Flugzeug strahlend. Uns kann es genauso gehen.

Seid nüchtern und wacht;
denn euer Widersacher,
der Teufel, geht umher wie
ein brüllender Löwe und sucht,
wen er verschlinge.
Dem widersteht, fest im Glauben.

1. Petrus 5,8-9

Das Treibhaus des Herzens

Ein Herz, das rein ist

Stellen wir uns einmal vor, Sie kommen mich eines Tages besuchen und finden mich bei der Arbeit in meinem Treibhaus. Ich erkläre Ihnen, dass ich dieses Treibhaus von meinem Vater geschenkt bekommen habe. Er hat für die bestmögliche Ausstattung gesorgt und ideale Bedingungen geschaffen, sodass alles schön wachsen und gedeihen kann. Das Klima ist perfekt. Die Beleuchtung stimmt. Die Temperatur ist genau richtig für Blumen, Gemüse oder was auch immer ich züchten will – und ich will eben Blumen und Gemüse züchten. Ich bitte Sie, mich zu begleiten, da ich neue Pflanzen einsäen möchte. Sie haben ja immer schon vermutet, dass ich ein bisschen verrückt bin, aber was ich als nächstes tue, beseitigt alle Restzweifel, die Sie noch hatten: Sie beobachten mich, wie ich auf ein Feld gehe und Unkrautsamenkörner einsammele. Ich schnappe mir Grassamen, Löwenzahnsamen, Klettensamen, fülle einen ganzen Beutel damit und mache mich auf den Weg zurück ins Treibhaus.

Sie glauben Ihren Augen kaum zu trauen. „Ich dachte, du wolltest in deinem Treibhaus Blumen und Gemüse anlegen!", rufen Sie mir zu.

„Will ich ja auch."

„Aber meinst du nicht, dass du dann Blumen- und Gemüsesamen säen solltest?"

„Hast du eine Ahnung, was man für Blumen- und Gemüsesaatgut bezahlt? Außerdem müsste ich dann bis zum nächsten Gartencenter fahren, um sie zu bekommen. Nein danke, ich mach's mir lieber einfach und spar dabei noch Geld."

Im Weggehen höre ich Sie noch irgendetwas murmeln ... „nicht alle Tassen im Schrank."

Saat und Ernte

Man erntet was man sät – ein allseits bekanntes Phänomen. Heute sammeln wir, was wir vor einiger Zeit angelegt haben. Warum tun wir uns so schwer damit, dieses Prinzip, das wir aus Landwirtschaft und Gartenbau kennen, auch auf das „Bewirtschaften" unserer Herzen anzuwenden?

Stellen Sie sich Ihr Herz einen Augenblick lang als Treibhaus vor. Gar so schwer ist das nicht, denn es gibt offensichtlich einige Ähnlichkeiten. Auch Ihr Herz ist ein wunderbares Geschenk Ihres Vaters. Auch in Ihrem Herzen ist alles bestens angelegt, damit Wachstum geschehen kann. Und auch Ihr Herz muss bewirtschaftet werden, wie ein Treibhaus.

Stellen Sie sich als Nächstes vor, dass Ihre Gedanken Samen in diesem Treibhaus sind. Aus einigen Gedanken wachsen prächtige Blumen. Andere werden zu Unkraut. Wenn Sie Samen der Hoffnung säen, werden Sie Zuversicht ernten. Setzen Sie Zweifel-Zwiebeln wird Unsicherheit heranwachsen. „Was der Mensch sät, das wird er ernten" (Galater 6,7).

Beweise dafür lassen sich überall um uns herum finden. Ist Ihnen schon mal aufgefallen, dass Negativität an manchen Menschen abperlt wie Regen von einer Goretex-Jacke, sodass sie unvermindert geduldig, zuversichtlich und vergebungsbereit sind? Könnte es nicht sein, dass sie gewissenhaft Samen der Freundlichkeit und des Wohlwollens gesät haben und nun die Ernte einfahren?

Haben Sie sich auch schon einmal gefragt, warum manche Menschen so miesepetrig sind und alles nur negativ sehen? Ihnen würde es nicht anders gehen, wenn Ihr Herz voller Unkraut und Disteln wäre.

Wenn unser Herz ein Treibhaus ist und unsere Gedanken Saatgut – sollten wir dann nicht umso sorgfältiger darauf achten, was wir säen? Sollten wir nicht sehr wählerisch sein, welche Samen und Zwiebeln wir in unser Treibhaus hineinlassen?

Sollte nicht ein Posten an der Tür stehen, weil der Eingang zu unserem Herzen von besonderer Bedeutung ist? In der Bibel heißt es: „Behüte dein Herz mit allem Fleiß, denn daraus quillt das Leben" (Sprüche 4,23). Und eine modernere Übersetzung formuliert das so: „Achte auf deine Gedanken und Gefühle, denn sie beeinflussen dein ganzes Leben."

Wie wahr! Wir können dieses Prinzip ständig beobachten.

Da stecken zwei Autofahrer im Stau. Der eine kocht vor Wut und Jähzorn und denkt: *Jetzt kommen meine ganzen Pläne durcheinander.* Der andere seufzt erleichtert: *Auf die Weise habe ich heute ein paar ruhige Minuten.*

Zwei Mütter erleben die gleiche Tragödie. Die eine ist am Boden zerstört: *Das verkrafte ich nie.* Die andere ist verzweifelt, aber sie weiß: *Gott wird mich durch diese Zeit tragen.*

Zwei Geschäftsleute sind erfolgreich. Der eine klopft sich auf die Schulter und wird überheb-

lich. Der andere gibt Gott die Ehre und wird dankbar.

Zwei Ehemänner versagen auf die gleiche Weise. Der eine geht bitter davon aus, dass Gottes Vorrat an Gnade nun bestimmt erschöpft sei. Der andere erkennt, dass er Gottes Gnade nun in einer neuen, tieferen Dimension kennenlernt. „Behüte dein Herz mit allem Fleiß, denn daraus quillt das Leben" (Sprüche 4,23).

Viele von uns haben sich darüber, wie sie mit ihren Gedanken umgehen sollen, noch nie … na ja, Gedanken gemacht. Wir denken viel darüber nach, wie wir unsere Zeit einteilen, unser Gewicht in den Griff bekommen, unsere Angestellten bei Laune halten und unsere Kopfhaut pflegen. Aber Gedankenpflege steht selten auf unserer „to do"-Liste. Sollten wir uns nicht ebenso viele Gedanken über Gedankenverwaltung machen wie über die Verwaltung unserer Konten?

Jesus zumindest hat dies getan. Er stand Wache über seinen Gedanken, wie ein ausgebildeter

Wachsoldat an einem Stadttor steht. Er hat den Zugang zu seinem Herzen beharrlich beschützt. Vielen Gedanken wurde der Eintritt verwehrt. Soll ich Ihnen ein paar Beispiele nennen?

Wie wär's mit Hochmut? Nachdem Fünftausend satt geworden waren, waren sie fest entschlossen Jesus zum König zu salben. Was für ein verführerischer Gedanke! Die meisten von uns wären schon allein von der Vorstellung entzückt. Selbst wenn wir uns letztlich nicht zum König krönen ließen, würden wir doch über das Angebot nachdenken und uns ausgesprochen geehrt fühlen. Jesus jedoch nicht. „Als Jesus nun merkte, dass sie kommen würden und ihn ergreifen, um ihn zum König zu machen, entwich er wieder auf den Berg, er selbst allein" (Johannes 6,15).

Ein anderes eindrückliches Beispiel finden wir in einem Gespräch zwischen Jesus und Petrus. Als Petrus mitbekam, dass Jesus seinen Tod am Kreuz ankündigte, widersprach der ungestüme Jünger vehement: „Gott bewahre dich, Herr! Das widerfahre dir nur nicht!" (Matthäus 16,22). Ganz offensichtlich erkannte Petrus die Notwendigkeit von Golgatha nicht. Aber er kam nicht weit damit. Christus verschloss die Eingangstür. Er wies sowohl den Überbringer der Botschaft als auch ihren Urheber scharf in die Schranken. „Geh weg von mir, Satan! Du bist mir ein Ärgernis; denn du meinst nicht, was göttlich, sondern was menschlich ist" (Matthäus 16,23).

Und wie war es, als Jesus ausgelacht wurde? Als man ihn rief, um ein krankes Mädchen zu heilen, hörte er beim Eintreten ins Haus, dass die Kleine gestorben war. „Das Kind ist nicht gestorben, sondern es schläft", war seine Antwort. Und wie reagierten die Leute im Haus? Sie lachten ihn aus. Wie wir alle gelegentlich, erlebte Jesus hier einen Moment, in dem er verunglimpft wurde. Aber im Gegensatz zu uns ließ er sich nicht von seinem Plan abbringen. Merken Sie, wie entschieden er reagiert? „Er trieb sie alle hinaus" (Markus 5,39-40). Der Spott war im Hause des Mädchens nicht willkommen und auch nicht im Denken Jesu.

Jesus hat sein Herz gut bewacht. Und wenn er das tat, sollten wir es ihm dann nicht gleichtun? „Behüte dein Herz mit allem Fleiß, denn daraus quillt das Leben" (Sprüche 4,23).

Jesus möchte, dass Ihr Herz gute, reichhaltige Frucht bringt. Er wünscht sich, dass Sie ein Herz haben wie seines. Das ist Gottes Plan für Sie. Er möchte, dass Sie so denken und handeln wie Jesus (Philliper 2,5).

Aber wie geschieht das? Die Antwort ist überraschend einfach. Wir können verwandelt werden, wenn wir die Entscheidung treffen unsere Gedanken Jesus unterzuordnen.

Wenn wir dazu bereit sind, wird er uns so verwandeln, dass wir ihm ähnlicher werden. Wie? Lesen Sie weiter.

Kehren wir noch einmal zurück zu dem Bild vom Treibhaus. Ihr Herz ist ein Treibhaus, das reichen Ertrag verspricht und gute Frucht bringen kann. Ihr Verstand ist die Tür zu Ihrem Herzen – jener entscheidende Ort, an dem Sie bestimmen, welche Saat gesät wird und welche nicht. Der Heilige Geist steht Ihnen zur Verfügung, wenn es darum geht, guten Samen von schlechtem zu unterscheiden und die Gedanken zu filtern, die in Ihr Herz gelangen möchten. Er kann Ihnen helfen, Ihr Herz zu bewahren. Er steht mit Ihnen an der Türschwelle. Da kommt ein Gedanke auf Sie zu, ein äußerst bedenklicher Gedanke. Reißen Sie die Tür auf und lassen ihn eintreten? Natürlich nicht! Sie „nehmen gefangen alles Denken in den Gehorsam gegen Christus" (2. Korinther 10,5). Sie lassen die Tür nie unbeaufsichtigt und stehen dort, mit Handschellen und Fußfesseln bewaffnet, bereit, jeden Gedanken gefangenzunehmen, der nicht eintreten soll.

Nehmen wir, um das an einem Beispiel deutlich zu machen, einmal an, dass ein Gedanke der Versuchung an Sie herantritt. Wenn Sie ein Mann sind, ist der Gedanke wahrscheinlich in tiefes Rot gekleidet. Wenn Sie eine Frau sind, ist der Gedanke diese Nähe, nach der Sie sich schon immer gesehnt haben. Eine Hand streift leicht die andere, die Luft knistert vor Spannung, und die Einladung steht: „Das ist doch in Ordnung, wenn wir es beide wollen. Wir sind schließlich erwachsen."

Was tun Sie nun? Wenn Sie Ihre Gedanken nicht Christus unterordnen, öffnen Sie die Tür. Aber wenn Sie das Denken Jesu haben, treten Sie einen Schritt zurück und sagen: „Nun mal langsam. Ich muss erst die Erlaubnis meines großen Bruders einholen." Also nehmen Sie den frischen, noch ganz weichen Gedanken, schleppen ihn vor Jesus und fragen: „Ja oder nein?"

Die Antwort fällt deutlich aus: „Deshalb warne ich euch eindringlich vor jeder verbotenen sexuellen Beziehung! Denn mit keiner anderen Sünde vergeht man sich so am eigenen Körper wie mit sexueller Zügellosigkeit" (1. Korinther 6,18, HfA). Paulus beschreibt in diesen Kapiteln, dass Sexualität ihren Platz hat – und zwar in der Ehe.

Sie wissen nun, was Christus von der ganzen Sache denkt, und Sie haben das Schwert des Geistes – was tun Sie nun? Nun, wenn die Versuchung nicht in Gestalt Ihres Ehepartners kommt, weisen Sie sie ab. Und wenn die Einladung von Ihrem Mann oder Ihrer Frau kommt – dann mal los!

Entscheidend ist Folgendes: Bewachen Sie den Eingang Ihres Herzens. Unterstellen Sie Ihre Gedanken der Autorität Christi. Je sorgfältiger Sie Ihr Saatgut auswählen, desto glücklicher werden Sie über die Ernte sein, die Sie einfahren.

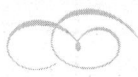

*Singet dem Herrn ein neues Lied,
singet dem Herrn, alle Welt!
Singet dem Herrn und lobet
seinen Namen, verkündet von Tag
zu Tag sein Heil!*

Psalm 96,1-2

*Freut euch ... dass eure Namen im
Himmel geschrieben sind!*

Lukas 10,20

Wenn der Himmel feiert

Ein Herz voller Fröhlichkeit

Meine Familie hat mir gestern Abend etwas besonders Gutes getan. Sie hat zu meinen Ehren eine Party gegeben – eine Überraschungsparty zum Geburtstag. Anfang letzter Woche habe ich Denalyn gebeten, nichts weiter zu planen, als dass wir als Familie gemütlich zusammen essen gehen. Das mit dem Restaurant war wohl das Einzige, was sie mitbekommen hatte. Mir war nicht bewusst, dass sie ein halbes Dutzend anderer Familien einlud, mit uns zu feiern.

Ich versuchte sie sogar zu überreden, dass wir an dem Abend zu Hause bleiben sollten. Andrea kränkelte ein wenig, Jenna hatte Hausaufgaben zu erledigen und ich hatte meinerseits den Nach-

mittag auf der Couch mit Fußballschauen verbracht und mochte mich nicht aufraffen. Ich war einfach nicht in der Stimmung, aufzustehen und mich herzurichten und auszugehen. Ich dachte, dass es bestimmt keine Schwierigkeit wäre, meine Mädels zu überzeugen, dass wir das mit dem Ausgehen doch verschieben konnten. Weit gefehlt! Allein der Gedanke war schon verwerflich. Jeder meiner Einwände traf auf eine geschlossene Front von Gegenargumenten, und meine Familie ließ keinen Zweifel aufkommen, dass wir an diesem Tag wie geplant zusammen ausgehen würden.

Und nicht nur das – wir würden auch zur abgesprochenen Zeit losgehen. Schließlich ließ ich mich breitschlagen und ging ins Bad. Aber ich war ihnen nicht schnell genug. Wir gingen die Sache völlig unterschiedlich an. Meine Einstellung war: *Warum so eilig?* Die meiner Töchter war: *Nun mach schon!* Ich wäre am liebsten ganz zu Hause geblieben. Sie konnten es kaum abwarten, aus dem Haus zu kommen. Es war wirklich komisch, und eigentlich hätte ich Verdacht schöpfen müssen. Sie waren so viel fixer als sonst und auffällig aufgedreht. Warum die Aufregung? Es ist ja nicht so, dass ich ein nettes Essen im Restaurant nicht auch zu schätzen wüsste, aber Sara kicherte auf dem ganzen Weg dorthin. Sehr rätselhaft.

Erst als wir ankamen, konnte ich ihr Verhalten deuten. Sobald ich durch die Tür trat, verstand ich, warum sie so überdreht waren. ÜBERRASCHUNG! Kein Wunder, dass sie sich anders verhielten als ich erwartet hatte. Sie wussten etwas, von dem ich nichts wusste; sie hatten gesehen, was ich nicht sah, nämlich den reich gedeckten Tisch und die Geschenke, die sich darauf stapelten. Sie hatten schon am Kuchen geschnuppert. Weil sie von der Party wussten, taten sie alles, was in ihrer Macht stand, damit ich sie nicht verpasste.

Jesus handelt ebenso. Er weiß von der größten

Party überhaupt. In einem der großartigsten Kapitel der Bibel, in Lukas 15, erzählt er drei Geschichten. Jede spricht davon, dass etwas verloren gegangen war und wiedergefunden wurde. Ein verlorenes Schaf. Eine verlorene Münze. Und ein verlorener Sohn. Und am Ende jeder dieser Geschichten findet eine große Party statt. Der Hirte feiert, weil er das verlorene Schaf wiedergefunden hat. Die Frau feiert, weil sie die verlorene Münze wiedergefunden hat. Und der Vater schmeißt eine Party zu Ehren des verlorenen und nun wiedergefundenen Sohnes.

Drei Gleichnisse, drei Partys. Drei Geschichten, und in jeder geht es um Freude. Was den Hirten betrifft, der sein Schaf findet, so heißt es: „Wenn er's gefunden hat, so legt er sich's auf die Schultern *voller Freude*" (Lukas 15,5). Als die Frau ihre Münze in der Hand hält, ruft sie: *„Freut euch* mit mir!" (Lukas 15,9). Und der Vater des zurückgekehrten Sohns erklärt dem verstimmten älteren Bruder, der zu Hause geblieben war:

„Du solltest aber *fröhlich* und guten Mutes sein; denn dieser dein Bruder war tot und ist wieder lebendig geworden, er war verloren und ist wiedergefunden" (Lukas 15,32).

Diese Geschichten sprechen für sich. Jesus freut sich, wenn Verlorene gefunden werden. Für ihn gibt es keinen größeren Moment als den der Rettung. Für meine Töchter begann die Freude, als ich mich endlich in Schale warf, ins Auto stieg und mich auf den Weg zur Party machte. Im Himmel ist das genauso. Ein Kind stimmt zu, sich in Gerechtigkeit kleiden zu lassen und sich auf den Heimweg zu machen, und der Himmel füllt die Gläser, wirft das Konfetti und hängt die Luftschlangen auf. „So, sage ich euch, wird Freude sein vor den Engeln Gottes über einen Sünder, der Buße tut" (Lukas 15,10).

Diese Begeisterung teilen wir nicht immer, nicht wahr? Wenn Sie mitbekommen, dass jemand zum Glauben gekommen ist, lassen Sie dann alles stehen und liegen um zu feiern? Wird ein guter Tag dadurch für Sie noch besser – und verwandelt es einen bis dahin schlechten Tag in einen guten? Wir mögen uns ja freuen – aber vor Freude überschäumen? Platzen wir fast vor Begeisterung? Würden wir am liebsten die Band zusammentrommeln, den Kuchen anschneiden und die Party steigen lassen? Wenn ein Mensch gerettet wird, leuchtet das Herz Jesu wie der Nachthimmel an Silvester, und die Freude explodiert förmlich.

Wenn dies bei uns nicht der Fall ist, dann ist das vielleicht ein Gebiet unseres Herzens, dem wir besondere Beachtung schenken sollten.

Gottes Magnum Opus

Warum freuen sich Jesus und die Engel eigentlich so über einen einzigen bußfertigen Sünder? Sehen sie irgendetwas, das uns entgeht? Wissen sie mehr als wir? Ja, sicher. Sie wissen, wie es im Himmel ist. Sie haben den reich gedeckten Tisch gesehen und die Musik gehört, und sie können es alle kaum erwarten, Ihr Staunen zu sehen, wenn Sie dort oben ankommen. Und, noch besser: Sie freuen sich unglaublich darauf, Sie persönlich zu sehen.

Wenn Sie dort ankommen und sich der Party anschließen, wird etwas Wunderbares passieren. Sie werden endgültig verwandelt werden. Lassen Sie sich von 1. Johannes 3,2 ermutigen: „Wir sind schon Gottes Kinder; es ist aber noch nicht offenbar geworden, was wir sein werden. Wir wissen aber: wenn es offenbar wird, *werden wir ihm gleich sein*, denn wir werden ihn sehen, wie er ist."

Der Himmel ist voller Segen – und einer davon sind Sie! Sie werden Gottes großes Magnum Opus sein, ein bedeutendes Kunstwerk aus seiner Hand. Die Engel werden vor Erstaunen nach Luft schnappen. Gottes Werk wird vollendet sein. Endlich werden Sie ein Herz haben wie er.

Sie werden vollkommen lieben.

Sie werden mit strahlendem Gesicht anbeten.

Kein Wort aus Gottes Mund wird Ihnen entgehen.

Ihr Herz wird rein sein, Ihre Worte werden wie Edelsteine sein und Ihre Gedanken Schätze.

Sie werden sein wie Jesus. Sie werden endlich, endlich ein Herz haben wie seines. Stellen Sie sich einfach vor, wie Jesu Herz aussieht – und dann machen Sie sich bewusst, dass Ihres genauso sein wird. Ohne Schuldgefühle. Angstfrei. Begeistert und voller Freude. Voller Anbetung und dabei ohne Ermüdungserscheinungen. Sie werden wissen, was richtig und falsch ist. Und Ihr Herz wird so klar und frisch und nie versiegend sein wie ein Gebirgswasserbach.

Er gibt einen weiteren Grund für die Feierlichkeiten. Ein Teil der Aufregung rührt davon her, dass wir endlich angekommen sind. Ein weiterer daher, dass wir ein für alle Mal in Sicherheit sind. Jesus freut sich, dass wir auf den Himmel zugehen, aber genauso freut er sich, dass wir der Hölle entronnen sind.

Mit einem einzigen Satz lässt sich der Schrecken der Hölle auf den Punkt bringen: Gott ist nicht dort.

Jesus zufolge gibt es in der Hölle nur „Heulen und Zähneklappern" (Matthäus 22,13). Aus der Hölle dringt das leidvolle, endlose Stöhnen derer, denen unmissverständlich klar geworden ist, dass alle Chancen vertan sind. Was würden sie für eine zweite Chance geben! Aber es ist zu spät (Hebräer 9,27).

Ein Herz wie Jesus zu haben, bedeutet, in die Gesichter der Geretteten zu schauen und zu jubeln! Ein Herz wie er zu haben, bedeutet, in die Gesichter der Verlorenen zu schauen und zu beten. Denn wenn sie nicht umkehren, sind sie nur ein Grab entfernt von Qual und ewigem Schrecken.

Und deswegen möchte ich Ihnen eines ans Herz legen: Bitten Sie Gott darum, Ihnen seine Sicht auf die Welt zu geben. Jeder Mensch, der Ihnen über den Weg läuft, hat eine Einladung zum Festmahl. Nimmt er sie an, freuen Sie sich! Reagiert er träge auf die Einladung, so wie ich gestern Abend, handeln Sie wie meine Töchter. Rütteln Sie ihn auf und bestürmen Sie ihn, sich bereit zu halten. Die Party fängt schon fast an, und Sie wollen doch nicht, dass er sie verpasst!

Lasst uns laufen mit Geduld
in dem Kampf,
der uns bestimmt ist.

Hebräer 12,2

Mit Kraft über die Ziellinie

Ein Herz voller Ausdauer

In meinem Bücherregal findet sich ein Buch darüber, wie man sich einen Waschbrettbauch zulegt – und ihn dann auch behält. Auf der Titelseite ist ein Mann mit einem Waschbrettbauch par excellence. Diesen Bauch, der mehr Wellen als ein Teich bei Wind hatte, fand ich höchst inspirierend, und so kaufte ich das Buch, las die Anleitungen zu den Übungen und machte brav meine täglichen Sit-ups – eine Woche lang.

Nicht weit von dem Bauchbuch entfernt stehen Vortragskassetten zum Thema Schnelllesen. Die gehen auf Denalyn zurück, aber ich muss gestehen, dass ich genauso begeistert war, als ich auf die Anzeige stieß. Dieser Kurs versprach, für mein Gehirn das zu tun, was die Sit-ups für meinen Bauch tun wollten. Auf der Rückseite wurde uns versprochen, dass wir doppelt so schnell lesen und doppelt so viel Inhalt behalten könnten, wenn wir den sechswöchigen Kurs bewältigen würden. Man muss nichts weiter tun, als sich die Kassetten anhören. Und das habe ich mir auch vorgenommen … für irgendwann einmal.

Irgendwo liegt auch noch eine Packung Vitamintabletten herum. Fast ein Kilo geballte Gesundheit. Ich muss nur täglich eine schlucken, und schon habe ich meinen Tagesbedarf an Kalzium, Chlorid, Magnesium, Sodium und sechs anderen wichtigen Elementen gedeckt. Der Vertreter, der mir diese Packung verkauft hat, hat mich überzeugt, dass dreißig Dollar ein Pappenstiel sind, wenn es darum geht, gesund zu bleiben. Ich finde das auch. Ich vergesse nur immer, meine Tabletten zu nehmen.

Verstehen Sie mich nicht falsch. Nicht alles in

meinem Leben ist in diesem unabgeschlossenen Zustand. Aber ich muss zugeben, dass ich nicht immer alles zu Ende bringe, was ich beginne. Und wahrscheinlich stehe ich damit nicht allein da. Haben Sie auch noch einige unvollendete Projekte in Ihrer Schreibtischschublade liegen? Vielleicht ein Ergometer – so ein Standfahrrad, dessen Hauptfunktion inzwischen darin besteht, dass Sie Ihre Handtücher daran aufhängen? Wie ist es mit der halbvollendeten Veranda, dem halbausgehobenen Goldfischteich und dem halbfertig gepflanzten Garten? Und das Thema Diäten und Gewichtsreduzierung schneiden wir besser gar nicht erst an, was?

Eigentlich geht es mir hier auch gar nicht darum, Sie zu überreden, alles fertig zu bringen. Wichtig ist mir jedoch, dass Sie das *Richtige* zu Ende bringen. Es gibt so manches freiwillige Rennen – Waschbrettbäuche und Schnelllesebücher – andere Rennen sind absolut lebensnotwendig, wie das Rennen des Glaubens. Nehmen

Sie sich diese Ermahnung zu Herzen, die der Autor des Hebräerbriefs schreibt: „Lasst uns laufen mit Geduld in dem Kampf, der uns bestimmt ist" (Hebräer 12,1).

Das Rennen

Hätte es zur Zeit des Neuen Testaments schon Fußball in der heutigen Form gegeben, hätten die Autoren bestimmt vom Abseits, von Fouls und Toren gesprochen. Aber es gab eben keinen Fußball, und so schrieben sie über Wettrennen. Das griechische Wort für Rennen ist *agon*, von dem wir das Wort Agonie abgeleitet haben, was soviel bedeutet, wie schwere Qual. Das christliche Wettrennen ist kein nettes Freitagabendjoggen, sondern ein zermürbendes und oft qualvolles Unterfangen, das uns alles abverlangt. Es braucht viel Kraft, um bis zum Ende durchzuhalten.

Und wahrscheinlich ist Ihnen auch schon auf-

gefallen, wie viele unterwegs abspringen. Immer wieder sitzen Einzelne an der Seitenlinie. Sie sind auch einmal mitgelaufen, und es gab Zeiten, in denen sie mit den anderen mithalten konnten. Aber dann überkam sie die Müdigkeit, und sie hatten nicht damit gerechnet, dass alles so zäh und schwer werden würde. Oder sie haben sich von einem Hügel auf der Laufstrecke, einem Mitläufer oder sonst etwas entmutigen lassen. Was auch immer der Grund ist – sie laufen jedenfalls nicht mehr. Vielleicht sind sie Christen. Vielleicht gehen sie zur Kirche. Vielleicht werfen sie eine Münze in die Kollekte und wärmen einen Stuhl an, aber ihr Herz ist nicht mehr im Rennen. Sie sind schon vor der Zeit ausgestiegen. Wenn nichts Einschneidendes passiert, wird ihr bestes Werk ihr erstes Werk sein.

Im Gegensatz dazu war Jesu bestes Werk sein letztes Werk und sein letzter Schritt der kraftvollste. Christus ist das klassische Beispiel von einem, der durchgehalten hat. Der Autor des

Hebräerbriefs erläutert, dass Jesus „viel Widerspruch gegen sich von den Sündern erduldet hat" (Hebräer 12,3). Er hielt bis zum Ende durch, und das bedeutet andererseits, dass er genauso gut hätte aufgeben können. Als Läufer hätte er aussteigen, sich hinsetzen, nach Hause gehen können. Er hätte das Rennen nicht zu Ende bringen müssen. Aber das tat er nicht. Er hielt durch und erduldete all den Widerspruch und Hass, der ihm entgegenschlug.

Seine eigene Familie dachte, er sei durchgedreht. Seine Nachbarn behandelten ihn noch ärger. Als Jesus in seine Heimatstadt zurückkehrte, versuchten sie ihn eine Klippe hinunterzustürzen (Lukas 4,29). Aber Jesus ließ sich davon nicht vom Laufen abhalten.

Wenn wir uns das bewusst machen, taucht unweigerlich eine Frage auf: Woher nahm er die Kraft? Wie Jesus haben wir mit Versuchung zu kämpfen. Auch wir werden unschuldig angegriffen. Aber im Gegensatz zu Jesus geben wir auf.

Wir schmeißen das Handtuch. Wir setzen uns an die Seitenlinie. Wie können wir weiterlaufen, so wie Jesus es getan hat? Wie kann unser Herz die gleiche Ausdauer haben?

Indem wir uns auf das konzentrieren, was auch Jesus vor Augen stand: Er rannte das Rennen zu Ende, „weil große Freude auf ihn wartete" (Hebräer 12,2, HfA).

Die Belohnung

Dieser Vers ist vielleicht eine der stärksten Aussagen, die über die Herrlichkeit des Himmels je gemacht wurden. Hier wird nichts gesagt von Engelsflügeln und goldenen Straßen, von Musik und einem großen Fest ist auch nicht die Rede. Selbst das Wort „Himmel" kommt nicht direkt vor. Aber obwohl das Wort selbst fehlen mag – seine Kraft ist die ganze Zeit da.

Erinnern Sie sich? Der Himmel war Jesus nicht fremd. Er ist die einzige Person, die auf der Erde

lebte, *nachdem* sie im Himmel gelebt hatte. Als Gläubige werden Sie und ich nach unserer Zeit hier auf der Erde im Himmel leben, aber für Jesus war es umgekehrt. Er kannte den Himmel, bevor er zur Erde kam. Er wusste, was ihn bei seiner Rückkehr erwartete. Und weil er wusste, was ihn im Himmel erwartete, konnte er die Schande und Demütigung, die ihm auf der Erde begegneten, ertragen.

„Weil große Freude auf ihn wartete, erduldete Jesus den verachteten Tod am Kreuz" (Hebräer 12,2, HfA). In seinen letzten Minuten konzentrierte Jesus sich ganz auf die Freude, die Gott für ihn bereithielt. Er dachte an den Preis, der auf ihn wartete. Und weil er das nicht aus den Augen verlor, konnte er nicht nur das Rennen zu Ende bringen, sondern er konnte es in großer Kraft und Stärke zu Ende bringen.

Jesus hob seine Augen auf und blickte über den Horizont hinaus. Er dachte an das Fest. Und was er sah, ließ ihn das Rennen zu Ende laufen.

Ein solcher Augenblick wartet auch auf uns. In einer Welt, in der es nicht auf Waschbrettbäuche und die Lesegeschwindigkeit ankommt, werden wir unseren Platz am Tisch einnehmen. In einer Stunde, die kein Ende haben wird, können wir ausruhen, von Heiligen umgeben und in Gedanken ganz mit Jesus beschäftigt. Die letzte Ernte wird eingefahren sein, und Christus wird das Mahl segnen mit den Worten: „Recht so, du tüchtiger und treuer Knecht" (Matthäus 25,23).

Und dann, spätestens dann, wird uns bewusst, dass das Rennen es wert gewesen ist.

*Er gebe euch erleuchtete Augen
des Herzens, damit ihr erkennt,
zu welcher Hoffnung ihr von ihm
berufen seid [und] wie reich die
Herrlichkeit seines Erbes für die
Heiligen ist.*

Epheser 1,18

Zum guten Schluss

Durch dieses ganze Buch hindurch haben wir uns angesehen, was es bedeutet, ein Herz wie Jesus zu haben, ihm ähnlicher zu werden. Auf der Welt hat es nie ein Herz gegeben, das so rein, und nie eine Persönlichkeit, die so fehlerlos war wie er. Seine Barmherzigkeit floss so reichlich, dass er keine Gelegenheit zur Vergebung ausließ. Keine Lüge kam je über seine Lippen, keine Ablenkung trübte seinen Blick. Er rührte an, wenn andere sich angewidert zurückzogen. Er hielt aus, wenn andere aufgaben. Jesus ist das größte Vorbild für uns Menschen. Und Gott lädt Sie ein, das, was wir auf den letzten Seiten angefangen haben, den Rest Ihres Lebens lang fortzusetzen. Er ermahnt Sie, Ihre Augen auf Jesus zu richten. Der Himmel macht Ihnen Mut, die Linse Ihres Herzens auf

das Herz des Erlösers zu setzen und ihn zum Betrachtungsgegenstand Ihres Lebens zu machen.

Können Sie sich etwas Größeres vorstellen, als so zu sein wie Jesus? Christus hatte keine Schuldgefühle – und Gott will Ihnen Ihre auch nehmen. Jesus hatte keine schlechten Angewohnheiten – und Gott möchte Ihnen helfen Ihre abzulegen. Jesus hatte keine Angst vor dem Tod – und Gott möchte auch Ihnen die Angst nehmen. Jesus hatte Mitleid mit den Kranken, Barmherzigkeit für die Widerspenstigen und Mut für alle Herausforderungen. Und all das möchte Gott Ihnen auch schenken.

Gott liebt uns, wie wir sind,
aber er liebt uns zu sehr, um uns so zu lassen.
Vielmehr wünscht er sich,
dass wir Jesus zunehmend ähnlicher werden.